CUENTOS PARA VIVIR Y SOÑAR

Aracelis Díaz Román
2024

Cuentos para vivir y soñar

© Aracelis Díaz Román

Todos los derechos reservados. Ninguna parte de este libro puede ser reproducida o transmitida de cualquier forma o por cualquier medio, electrónico o mecánico, incluyendo fotocopia, grabación, o por cualquier sistema de almacenamiento y recuperación, sin permiso escrito de su autor.

Primera edición: 2024

Todas las imágenes de la obra fueron suministradas por el autor y la aplicación Image Creator from Microsoft Designer-Bing.

ISBN: 9798326821218

Dedico este libro a la memoria de mi hermano Ramón Antonio Díaz, quien era una persona muy especial y diferente. Ramón disfrutaba mucho del mundo marino, el cual lo llevaba a la fascinación y pleno entendimiento de la flora y fauna que allí habitaba.

AGRADECIMIENTO

Mi agradecimiento a todas las personas que han participado en el recorrido de mi vida desde mi infancia hasta la madurez. Gracias a familiares, amigos, conocidos y no conocidos que me han servido de inspiración para la realización de este libro.

En especial a mi esposo Edgar y a los colaboradores Félix M. Cruz Jusino y Pablo L. Crespo Vargas quienes me ayudaron en cada parte del proceso de hacer mi sueño realidad.

"Ayudar a otros a buscar la verdad
de la vida nos hace grandes"

ADR

TABLA DE CONTENIDO

Prólogo de Félix M. Cruz Jusino	11
Introducción	13
El verdadero líder	15
Un golpe de "suerte"	29
El caracol Berto	41
La cueva maravillosa	49
El deseo más hermoso	65

PRÓLOGO

Cuentos para vivir y soñar es un compendio de cinco narraciones nacidos del genio creativo de la escritora, Aracelis Díaz Román. La pluma mágica de la autora nos lleva a una profunda reflexión de la vida y sus múltiples facetas. La escritora utiliza lo cotidiano, lo conocido, lo simple para conducirnos a un encuentro con nuestra realidad. Este juego literario le permite llegar a todos los públicos, pero principalmente a las nuevas generaciones.

Contrario a otras narraciones modernistas, que dejan al lector decidir por sí mismo cual es la lección de lo leído, los cuentos de Aracelis concluyen con una breve explicación del mensaje o moraleja detrás de la lectura. Esta sencilla acción literaria motiva al lector a releer el cuento desde una nueva perspectiva, concuerde o no con la moraleja expuesta por la autora. Las temáticas de los cuentos: liderazgo, la valorización de lo que se tiene, la ocultación de las emociones, los complejos, la asertividad y la búsqueda de la felicidad, son muy actuales y necesarios para definirnos en una sociedad en constante transformación.

La obra de Díaz Román plantea una recapitulación de quienes somos como producto de una sociedad consumista y hedonista y el gran vacío que atormenta el alma de muchos, por no decir la mayoría. Los cuentos son un enfrentamiento entre el discurso tradicional materialista y la riqueza espiritual que nos enseñaron nuestros mayores. En fin, los cuentos buscan hacernos mejores seres humanos al despojarnos de todas las grandes falsedades que ocultan nuestra grandiosa humanidad. Somos poseedores de todo, porqué nos vamos a negar la esencia de lo que tenemos en nuestro haber.

Aracelis es exponente de una nueva vertiente generacional literaria que busca en la simpleza el rescate de los valores identitarios que han caracterizado al ente nacional. Es una sanadora que libera el ser enjaulado por una modernidad insensible para que pueda expresarse sin ataduras. A través de palabras sencillas e imágenes modernas Aracelis construye un nuevo imaginario que, en las lecciones de la vida y la experiencia de todos, forja una nueva verdad.

Esta primera publicación impresa de Aracelis marca el inicio de una carrera literaria que engrandecerá las letras patrias.

PD: En un aparte, me siento sumamente privilegiado al escribir este prólogo para Aracelis, a la que conozco desde que estaba en el vientre de su mami, Nazimova Román, la mejor amiga y hermana de vida de mi madre. Aracelis es mayagüezana con profundas raíces pepinianas, lo que la hace heredera de grandes tradiciones místicas y literarias como las expuestas por el maestro, don Enrique Laguerre y el educador y filósofo, don Eugenio María de Hostos.

Félix M. Cruz Jusino, PhD.
San Juan, Puerto Rico
15 de mayo de 2024

INTRODUCCIÓN

Cuentos para vivir y soñar es un conjunto de cinco cuentos que plasman aspectos de la vida cotidiana con algunos elementos de fantasía, magia y personificación con los que el niño interior de cada cual se deleitará leyendo.

Es más simple y divertido reflexionar acerca de la vida con historias que nos llevan más allá de la imaginación. En sus personajes y circunstancias el lector podrá identificar a personas conocidas, eventos y experiencias vividas. Se identificará con algunos personajes o situaciones y sentirá alegría con unos y tristeza con otros. Al final de cada historia encontrará una breve reflexión acerca de la esencia del tema presentado. El lector puede encontrar una infinidad de mensajes encriptados en cada uno de sus personajes. No existen personajes principales o secundarios, cada uno de ellos son un mundo complejo. Si el lector logra entrar en cada uno de los personajes y sentir lo que siente cada uno en su determinada circunstancia habrá desencriptado los mensajes.

El motivo primordial de cada cuento es llevar al lector a la reflexión sobre diferentes situaciones de la vida de manera sencilla. Es importante compartir el conocimiento adquirido mediante las experiencias de la vida para poder ayudar a tantas personas como sea posible.

Espero que sea para el disfrute del lector y le lleve a enriquecer su vida.

EL VERDADERO LÍDER

En un árbol muy verde y frondoso se podía observar un grupo de mozambiques o "changos" muy alegres y activos cantando todos a la vez. Había unos comiendo insectos, otros haciendo nidos, descansando simplemente en las ramas del árbol y otros más intrépidos volando hacia la marquesina de la casa aledaña al árbol para buscar comida de perro. En la marquesina de esa casa vivían dos perros grandes (madre e hijo), que eran de color negro brillante.

Sus nombres eran Paca y Lolo respectivamente. Sus dueños le tenían comida de perro seca y un envase grande de agua limpia. El primer chango que divisó este manjar fue Ruperto, un chango lisiado que le faltaba una patita.

Ruperto perdió su patita cuando tenía días de nacido debido a un accidente, pero al haberla perdido desde pequeño no le impidió hacer nada. Él siempre fue muy curioso, alegre y le gustaba estar averiguando todo. Al descubrir la comida seca de los perros y el agua fresca hizo que muchos changos le siguieran.

Este grupo de changos tenía un líder que daba las instrucciones al grupo. El líder era un chango grande y fuerte que se llamaba Adolfo. Adolfo cantaba más fuerte que los demás, se jactaba de su fuerza y de comer insectos más grandes. El día que vio a otros changos seguir a Ruperto a la marquesina cercana al árbol le dio mucho enojo, pero no le quedó otro remedio que aceptarlo. Ruperto no se daba cuenta de nada de eso, el solo pensaba en ser feliz y compartir con otros.

Paca y Lolo se daban cuenta que los changos iban a comerle la comida. Al principio se molestaron y empezaron a ladrar y a espantarlos, pero volvían nuevamente comandados por Ruperto. Ruperto les decía a los otros changos:

—Vamos, en algún momento se cansarán jajaja.

La dueña de la casa se dio cuenta que los changos se comían la comida de Paca y Lolo y comenzó a espantarlos hasta que se dio cuenta de que a uno de ellos le faltaba una patita. Le dio mucha pena y no los espantó más.

En el interior de la casa en cuya marquesina vivían Paca y Lolo, vivía una perrita chihuahua que se llamaba Princesa. Princesa era muy engreída, por lo que Paca y Lolo no la soportaban. Apenas le hacían caso y la miraban con desprecio. Ella lo que hacía era asomarse por la puerta que daba hacia la marquesina y mirar a través de la rejilla. Les decía que ella era parte de la familia porque estaba dentro de la casa. A menudo se asomaba y expresaba cosas como:

—Qué pena me da con ustedes allá afuera, a merced de cualquier sabandija. Durmiendo en casitas de perro y yo durmiendo en la cama con los dueños de la casa, jajaja.

A lo que Paca le respondía:

—Que bien ridícula eres. Tú lo que estás es presa en esa casa y no te das cuenta. Nosotros somos libres de caminar a donde se nos antoje y cuando nos cansamos de correr y jugar los humanos nos traen comida y agua, jajaja.

En ese momento se acababa la discusión porque Princesa se enojaba mucho y se iba para un cuarto de la casa. Un día aparecieron unos guaraguaos grandes cerca del árbol donde estaban los nidos de los changos y el que era su casa. Los changos empezaron a gritar y hacer un chirrido muy fuerte. Tenían miedo de que estas aves se comieran sus huevos y sus crías. Ruperto estaba en la marquesina con otros changos buscando comida. En cuanto se percató de la situación voló hasta el árbol gritando:

—¡Adolfo! ¡Adolfo! ¡Vuela hacia lo alto con otros como tú para espantar los guaraguaos, rápido!

En ese momento Adolfo se había quedado paralizado por unos instantes hasta que escuchó a Ruperto. Voló inmediatamente y reunió a los changos más grandes y fuertes. Volaron hacia lo alto e hicieron según les dijo Ruperto. No fue tarea fácil, pero lograron ahuyentarlos. Aunque Adolfo había protegido a los suyos había algo que lo hacía sentir incómodo, que la idea había sido de Ruperto. Comer la comida de los perros también había sido idea de Ruperto y tenía miedo de que los demás changos se dieran cuenta.

Luego de pasada la emergencia, Ruperto volvió a la marquesina. Estaban Paca y Lolo acostados en el piso y Princesa dentro de la casa mirando para afuera a través de la rejilla. Paca se quedó mirando a Ruperto con el rabo del ojo y le dijo:

—¿Qué bochinche pasó allá arriba?

Ruperto empezó a dar brincos hacia atrás mirando con recelo. Entonces le dijo:

—¿Me estás hablando a mí?

—Sí, ¿a quién más? ¡Jaja! – dijo Paca.

—¿No te molesta que estemos aquí? Solo venimos por un poco de comida. No creo que haga la diferencia en ustedes. Aquí les echan mucha comida. – dijo Ruperto caminando lentamente hacia Paca.

—A mí me da lo mismo, pero a mi hijo Lolo no. ¡Él es muy glotón, jajaja!

—Pues dile que por favor no nos haga daño, solo tomamos un poco de comida y agua. Oye, y ¿quién es esa perrita tan bonita que nos mira desde adentro de la casa? – dijo Ruperto mirando a Princesa.

—Ah, es una engreída. No sirve para nada. – dijo Paca moviendo la cabeza hacia los lados.

Ruperto dio varios brincos hasta llegar cerca de Princesa, la chihuahua. Princesa se puso histérica ladrando sin parar. Paca y Lolo se morían de la risa. Ruperto voló rápidamente y se posó en la verja con la respiración agitada. Ruperto le dijo a Paca:

—Dijiste que no servía para nada, pero te equivocaste. Es una alarma de alto perfil - dijo riendo.

Princesa escuchó lo que dijo Ruperto y se molestó como siempre. Caminó hacia dentro de la casa con la cabeza hacia arriba en ademán de desprecio. Lolo le dijo a Ruperto que bajara, que no le haría daño. Que eso sí, cuando el viese que ya habían tomado suficiente comida se lo diría y que se tenían que ir inmediatamente. Ruperto le dijo que era buen trato.

Una mañana llegaron unos señores en un camión. Estuvieron todo el día recortando la grama, sacando escombros y poniendo plantas y flores hermosas alrededor de la casa. Una vez terminaron el trabajo se acercaron al árbol donde estaban los changos. Lo miraron por todos lados, las ramas, el tronco y las raíces. Los changos estaban muy nerviosos porque no sabían lo que estaba pasando. Luego de un rato los señores se alejaron, hablaron con los dueños de la casa y se marcharon. Muchos de los changos le preguntaron a Adolfo que, si debían preocuparse por ese incidente, pero Adolfo les dijo que no y que era imposible saber qué hacían esas personas allí. La intuición le decía a Ruperto que algo pasaba y dijo a todos:

—Aquí pasa algo y yo lo voy a averiguar.

Adolfo lo miró con enojo y dijo:

—Tú te crees el más que sabe. Está bueno ya y no te pongas a preocupar a los demás.

Ruperto lo ignoró y alzó vuelo en dirección a la marquesina de la casa. Paca y Lolo no estaban y comenzó a llamarlos con su chirrido. De momento vio asomarse a Princesa y antes de que comenzara a ladrar le dijo:

—Por favor, no me ladres. Necesito tu ayuda.

Princesa se disponía a empezar a ladrar cuando de momento dijo:

—¿Mi ayuda dijiste? – preguntó con cara incrédula.

En ese momento llegaron Paca y Lolo, escuchando lo que Ruperto le había dicho a Princesa y no paraban de reír. Paca dijo entre risas:

—¿En qué te puede ayudar esta imitación de perra? ¡Es buena para... para... nada jajaja! Ahora se molesta y se va, ¿no?

Ruperto estaba muy agitado. Voló más cerca de Princesa y le rogó que no se fuera. Le dijo que era muy importante la ayuda que necesitaba de ella, que no le hiciera caso a Paca y Lolo. Paca y Lolo estaban con la boca abierta porque no podían creer lo que estaban escuchando. Princesa ya se iba a meter dentro de la casa, pero le intrigaba mucho lo que le tenía que pedir Ruperto. Todos se quedaron en silencio para escuchar lo que iba a decir Ruperto. Entonces Ruperto dijo:

—Princesa, la misión que tengo para ti es sencilla; pero, a la misma vez de vital importancia para los míos. Estoy seguro de que lo vas a hacer bien.

—Acaba de decir lo que es y no le des más vueltas bendito – dijo Paca desesperada.

—Ok. Tienes que ...

En ese momento apareció la dueña de la casa para limpiar la marquesina. Paca y Lolo bajaron la cabeza en señal de frustración y Ruperto voló hacia el árbol.

Posiblemente tendrían que esperar al día siguiente para saber. Princesa puso cara de tristeza y se trepó en la butaca de la sala, para estar pendiente si aparecía otra vez el chango ese. Nunca se había sentido útil y este chango le había dado esperanza.

Al día siguiente Princesa se acomodó a primera hora frente a la puerta que daba hacia la marquesina. Estaba muy intrigada con la encomienda del chango Ruperto. Paca y Lolo tomaban un baño de sol acostados en la grama que estaba al terminar la marquesina. De momento apareció Ruperto con otros changos. Princesa meneaba la cola vigorosamente y daba pasos hacia adelante y hacia atrás en señal de emoción. Paca y Lolo se levantaron inmediatamente y corrieron hacia la puerta donde estaba parada Princesa, ya que no querían perderse de nada. Mientras los otros changos comían de la comida seca, Ruperto se acercó a Princesa y le dijo:

—¿Oye perrita, sabías que te ves muy inteligente? Escuché que los chihuahuas son una raza de perros muy astutos.

—Dime lo que tengo que hacer y no pierdas el tiempo en adulaciones – dijo Princesa.

—Pues mira, como tú estás dentro de la casa todo el tiempo puedes escuchar las conversaciones de los dueños. Necesito saber qué hacían esos hombres merodeando el árbol donde vivimos.

—¡Oh! Creo que está fácil para mí. Tan pronto tenga información te aviso.

Princesa dio media vuelta y caminó hacia el interior de la casa con aire de superioridad y satisfacción. Paca y Lolo se quedaron asombrados de que Princesa sirviera para algo. Se quedaron mirando a Ruperto con admiración y a la vez se preguntaban por qué no se les había ocurrido algo así a ellos. Esa noche cuando los dueños de la casa se fueron para el cuarto empezaron a hablar de varios sucesos que les había ocurrido durante el día. Princesa estaba acostada en una camita mullida que tenía en el cuarto. Estaba atenta a toda la conversación entre ambos, pero tenía mucho sueño y se le estaban cerrando los ojos. De repente escuchó la palabra árbol y pegó un brinco, levantó las orejas y escuchó toda la conversación.

Al otro día Princesa se sentía muy feliz y satisfecha porque ya tenía toda la información que le habían pedido, aunque las noticias no eran buenas para los changos. Se paró en la puerta mirando hacia los lados a ver si aparecía el chango. Los que aparecieron rápido fueron Paca y Lolo. Paca dijo inmediatamente:

—Bueno, ¿finalmente conseguiste la información?

—Obvio – dijo Princesa molesta.

—Pues suelta ya, somos todo oídos – dijo Lolo en tono burlón.

Princesa lo ignoró, ella esperaría al chango Ruperto. Al cabo de unos minutos llegó Ruperto con el grupo de siempre. Se paró frente a Princesa y le dijo:

—¿Pudiste averiguar algo?

—Sí. - dijo Princesa con tono triste.

—Oh no, yo sabía que era algo malo. Dime perrita, ¿qué es? Todo tiene solución.

—Los dueños de la casa contrataron a esos señores para que tumben el árbol donde ustedes viven. Ellos van a preparar una terraza con jardín allí. Dicen que de todos modos ese árbol no es frutal y que está lleno de unos pájaros que lo que hacen es ensuciar la marquesina, o sea, ustedes.

Todos se quedaron sorprendidos con las palabras de Princesa. Ruperto le preguntó:

—¿Y cuándo lo van a cortar?

—El fin de semana que viene. Tienen solo una semana. -dijo Princesa.

—Esto es algo terrible, pero tenemos que hacer algo. -dijo Ruperto.

—No creo que se pueda hacer mucho. – dijo Paca mirando hacia abajo.

—Por el momento le diré a los demás changos que no ensucien la marquesina. Ellos van a ver la diferencia en una semana. Y a ustedes, Paca y Lolo les voy a pedir que cuando los dueños vengan a la marquesina se paren frente al árbol y ladren. Al hacerlo por varios días quizás los dueños entiendan algo. Es mejor que no hacer nada.

Paca y Lolo estuvieron de acuerdo e inclusive tomarían sus siestas junto al árbol para tratar de que los dueños cambiaran de opinión. Por una semana estuvieron haciendo lo acordado. Los dueños estaban aliviados porque la marquesina se mantenía limpia a pesar de la visita de los changos. El día antes que estaba supuesto cortar el árbol, el chango Ruperto le preguntó a Princesa si habían cancelado el trabajo. Princesa le dijo que tristemente habían confirmado la cita para las 7 am del siguiente día. Ruperto le dijo:

—No te preocupes, mañana hacemos el último esfuerzo.

Todos estaban muy tristes, pero como les había dicho Ruperto harían su último esfuerzo al día siguiente. Al otro día todos se levantaron muy temprano a la expectativa de lo que iba a suceder. De repente llegaron los trabajadores y empezaron a bajar todas las herramientas. Paca y Lolo se pararon frente al árbol en posición de ataque. Cuando la dueña abrió la puerta para recibir a los trabajadores Princesa aprovechó y salió corriendo hacia el árbol. Los tres perros comenzaron a ladrar y aullar a la misma vez frente al árbol. Todos los changos empezaron a hacer fuertes chirridos. Los dueños de la casa y los trabajadores se quedaron estupefactos con aquella escena. La dueña estaba histérica por Princesa, nunca se había salido. Corrió hasta el árbol, la cogió en sus brazos y dijo:

—No sé qué les pasa, pero si es por el árbol no lo vamos a cortar. Decidimos mejor hacer un jardín bajo el árbol y aprovechar la sombra. Anoche enviamos un mensaje de texto a los trabajadores informándole.

Todos los animales quedaron en total silencio. Paca y Lolo movían sus colas enérgicamente mientras caminaban hacia la marquesina. Princesa no sabía que habían cambiado los planes porque se habían comunicado por mensaje de texto. Ruperto no cabía de la alegría porque todos habían sido de gran ayuda para él y los suyos. Estaba sumamente agradecido. Los trabajadores estuvieron todo el día haciendo el jardín bajo el árbol, el cual incluía un banco para sentarse. En agradecimiento Ruperto instruyó a los changos para que no ensuciasen el banco.

Al día siguiente Paca, Lolo, Ruperto y Princesa hablaban en la marquesina. Contemplaban el jardín bajo el árbol que había quedado hermoso. Ruperto dijo:

—Entre todos logramos el objetivo, me siento muy agradecido de ustedes. Los changos me han elegido su líder. Aunque sé que el líder no es el más importante, es solo el que tiene las características para serlo. Un líder solo no puede hacer nada.

—¿Qué pasará con Adolfo? – dijo Paca

—Adolfo es el jefe de seguridad ahora, es el mejor en eso. No hay quien le gane. - dijo Ruperto convencido.

—Yo quiero pedir disculpa a Princesa porque la subestimé. – dijo Lolo.

—Princesa y todos tienen una habilidad o un talento. Nadie es inútil, ni aún el que se refiere así de otro. – dijo Ruperto.

—Vaya Ruperto, los changos sí que hicieron una buena elección contigo. -dijo Princesa.

Ruperto dio las gracias y alzó vuelo dando varias vueltas en el aire antes de posarse en una de las ramas del árbol colocando una de sus alas en su frente en señal de saludo.

***

Ruperto tenía todas las características para ser un verdadero líder: seguro de sí mismo, empático, curioso, visionario, intrépido, intuitivo, buscaba el bien común, optimista, acertado en sus decisiones, se enfocaba en las soluciones y lo más importante era que sabía identificar la estrella de cada cual. A diario vemos como hay muchas personas frustradas que piensan que son perdedoras y en lo único que han perdido es en identificar a sí mismo dónde brillar.

UN GOLPE DE "SUERTE"

En una habitación se podían ver a Rebeca y a Samuel durmiendo plácidamente. Faltaban un par de minutos para las 6 de la mañana, hora en que sonaba la alarma del celular de Rebeca. Minutos más tarde la alarma comenzó a sonar. Rebeca estiró su brazo para apagar la alarma del celular que se encontraba encima de la mesa de noche. Se quedó unos instantes con el celular en la mano, con los ojos cerrados y pensando si era posible evitar tener que despertarse de aquella forma todos los días. Luego de hacer un breve repaso en su mente se resignó a que tenía que levantarse. Se volteó y movió a Samuel para que se despertase. Como Samuel tenía el sueño más pesado que Rebeca ella lo despertaba todos los días para ir a trabajar.

A Samuel le gustaba cocinar y todas las mañanas se encargaba de preparar el café y hacer el desayuno. Preparaba café para él y para Rebeca. El desayuno era solo para él porque Rebeca y Sally (hija adolescente de ambos) decían que no les daba tiempo de desayunar en la casa y compraban algo en la calle. Samuel veía las noticias de la mañana mientras preparaba el café y el desayuno. Mientras, Rebeca se preparaba para ir al trabajo. Era una mujer atractiva de 35 años, pero un poco pasada de peso. A pesar de su sobrepeso sabía vestir de forma elegante y se arreglaba muy bien. Era gerente de un banco y tenía que lucir una apariencia profesional al público. Sally, hija de Rebeca, tenía 14 años y era bonita al igual que su madre. Sally se preparaba para ir a la escuela y ambas terminaron casi al mismo tiempo. Rebeca tomó el café y se despidió de Samuel. Samuel era supervisor de una farmacéutica y podía salir un poco más tarde de la casa. Rebeca dejaba a Sally en la escuela y luego seguía para su trabajo.

Rebeca llegó al trabajo literalmente corriendo, ya que estaba tarde. El banco estaba a punto de abrir al público. Entró a su oficina y puso sobre el escritorio unas bolsas en las que estaba su desayuno. Luisa entró a toda prisa a la oficina de Rebeca y le dijo:

—Oh, chica otra vez a las carreras. Pensé que no venías hoy.

—Es que había mucha fila para comprar desayuno y estuve en un tapón en la escuela de Sally por culpa de un lerdo que se quedó en el medio. -dijo Rebeca agitada.

—Bueno lo de la escuela lo entiendo, pero lo del desayuno no. Puedes desayunar en tu casa, Samuel hace desayuno todos los días. Ojalá y mi marido hiciera desayuno.

—No sé, pienso que me tardaría más. Además, tenía antojo de tostadas francesas.

—Así nunca vas a bajar de peso. -dijo Luisa cruzando los brazos.

—Ya me di por vencida. Uyy, otra vez esa señora- dijo Rebeca mirando por el cristal de su oficina.

—¡Antonia! – dijo Luisa riendo. Te pegaste en la lotería hoy (en tono irónico).

—No te burles que hoy no estoy de humor para eso -dijo Rebeca molesta.

—Ni hoy ni nunca.

—Yo voy a desayunar en el comedor. Si procura por mí dile que estoy reunida- dijo Rebeca mientras salía de su oficina a toda prisa.

Luisa era la ayudante de Rebeca y la sustituía cuando no estaba por alguna razón. Además, eran muy amigas y compartían fuera del trabajo. Luisa tuvo que atender a Antonia. Ella era una señora un poco extraña, de edad mediana que se vestía como una niña. Frecuentaba el banco porque tenía cuenta allí y porque le gustaba hablar con la gente. Luisa hablaba un poco con ella y luego hábilmente la despachaba sin que se diera cuenta.

A la hora de almuerzo Rebeca y Luisa salieron a almorzar. Rebeca dejaba a cargo al subgerente, Augusto, mientras ella almorzaba. Augusto era un tipo machista al que Rebeca tuvo que enfrentar en varias ocasiones para que no le quitara el puesto. Augusto ya estaba resignado a que no podía con ella. Rebeca era muy eficiente en su trabajo y además no se dejaba intimidar por nadie. Rebeca y Luisa iban caminando por la acera con marcha rápida en dirección a la cafetería que siempre almorzaban. De momento Rebeca se da cuenta que más adelante había un señor sentado en la acera de aspecto muy sucio y maltratado con la mano extendida pidiendo limosna. Rebeca tomó a Luisa por el brazo y le dijo:

—¡Hora de cruzar!

—Siempre me dices lo mismo cuando vez a ese pobre hombre. A la verdad que no te entiendo. Eres tan buena y comprensiva con unos y tan despectiva con otros como Antonia y ese mendigo. Pues sabrás que hoy no te voy a hacer caso y hasta le daré algunas monedas.

Luisa siguió caminando sola mientras Rebeca se quedó inmóvil avergonzada de su propia actitud. De repente siguió caminando tras de Luisa y se acercó al mendigo. Siempre lo veía de lejos, pero nunca había estado tan cerca. Le sorprendió que no tuviese mal olor. Rebeca se quedó mirando al mendigo y a Luisa, acto seguido sacó un billete de diez. No quería que su amiga y compañera de trabajo pensara que era una miserable egoísta y dijo:

—Tenga (tomando el billete con la punta de los dedos y estirando el brazo lo más posible).

El mendigo alzó la vista y la miró a los ojos. Rebeca quedó sorprendida, nunca había visto un color azul de ojos tan bonito. Reflejaban hermosura y a la vez mucho dolor y sufrimiento. El mendigo tomó el billete suavemente y dio las gracias a Rebeca. Luisa quedó sorprendida por la acción de Rebeca y acto seguido le dijo que se iba a adelantar para ir pidiendo la comida. Rebeca estuvo de acuerdo. El mendigo le dijo a Rebeca que él no siempre había sido deambulante; que su historia era muy larga y que había pagado de forma muy dura su orgullo y egoísmo. Dijo que todos venimos a este mundo con una misión y que el pronto cumpliría la suya. Le dijo que al mirarla a los ojos podía reconocer muchas cosas que había en él. Además, le dijo:

—En agradecimiento a tu limosna quiero regalarte algo que ha de servirte mucho.

Rebeca se quedó muy pensativa porque no sabía qué le podía regalar este miserable hombre. El mendigo le dijo:

—Me imagino que todas las mañanas cuando te despiertas piensas si tuvieras mucho dinero para no tener que levantarte e ir a trabajar.

Rebeca quedó muy sorprendida, ya que no podía entender cómo este viejo pudiera saber eso. El mendigo procedió a darle unos números para que los jugase. Rebeca sintió ganas de reír y le dijo que no entendía porque se los daba a ella y no los usaba él mismo. Él le dijo que no los necesitaba, pero ella sí. Rebeca tenía buena memoria con los números y los memorizó, a pesar de que no tenía la intención de jugarlos porque eso era una locura. Rebeca se despidió del mendigo indicándole que se le había hecho tarde para almorzar. El mendigo puso una sonrisa de manera extraña y Rebeca sintió un escalofrío, marchándose a toda prisa. Llegó a la cafetería buscando a Luisa con el rostro totalmente pálido. Luisa la vio y agitó el brazo diciendo:

—Por aquí, ya los almuerzos están servidos. Te pedí lo que te gusta.

—No me siento muy bien. Creo que pediré me lo sirvan para llevar- dijo Rebeca muy nerviosa.

—Uyy, pareciera que viste un fantasma. ¿Qué pasó?

—Nada, no te preocupes. De todos modos, estoy muy gorda y desayuné bastante. Me lo comeré de cena. Rebeca no se atrevía a decir nada a Luisa. Todo eso fue muy extraño. Ese día Rebeca recogió a Sally como de costumbre en casa de una amiga. Como Rebeca salía más tarde de su trabajo Sally se iba con una amiga en lo que su madre la podía recoger.

Tan pronto Sally se montó en el carro le dio el olor a comida. Vio el almuerzo de Rebeca en una bolsa y le dijo que era un milagro que le hubiese sobrado almuerzo. Rebeca le dijo que estaba completo que si quería que se lo comiese. Sally le preguntó que si estaba enferma en tono de burla. Llegaron a la casa e hicieron todo como de costumbre. Esa noche era el sorteo de la lotería, pero Rebeca no había comprado ningún boleto. No quería darle importancia a lo que le había sucedido con el mendigo. Si compraba el boleto era que le creía al viejo loco. Al rato llegó Samuel y le dijo a Rebeca que quería hablar algo importante con ella. Rebeca ya no podía más, pensó que ahora era otra cosa más para preocuparla. Se sentaron en la sala y Samuel le dijo:

—Estaba pensando que ya tenemos suficiente dinero reunido para hacer mi sueño realidad de tener mi restaurante. Además, puedo retirar el dinero que tengo en el plan de pensiones. Ya saqué cuentas y puedo cubrir todos los gastos por seis meses en lo que el negocio prospera.

—Ja jajaja (no paraba de reír). ¿En serio? ¿Tú vas a dejar tu buen trabajo seguro para aventurarte a una cosa en la que ni siquiera tienes experiencia? ¿Acaso no sabes cuántas personas desean tener un trabajo como el tuyo? -dijo Rebeca visiblemente incrédula.

—Yo no sé lo quieren las otras personas, pero sí sé lo que quiero yo- dijo Samuel con los ojos aguados y un nudo en la garganta.

Samuel no pensó que Rebeca reaccionara de esa forma y le dolió mucho su actitud. Se levantó del sofá y sin mediar otra palabra se fue al cuarto. Rebeca se sintió horrible por segunda vez en el día. Primero fue con Luisa y ahora con su esposo. ¿Qué le estaba pasando? Fue al cuarto a disculparse con Samuel. Le dijo que estaba profundamente apenada por haberlo hecho sentir mal, que había tenido un mal día en el trabajo. Rebeca siempre había sido muy cariñosa con Samuel, por lo que Samuel no dudó en aceptar sus disculpas y se dieron un abrazo. Rebeca le dijo que quería preparar sándwiches en pan criollo y chocolate. Que iba a ir un momento a la panadería a comprar el pan. El objetivo de Rebeca era comprar el boleto de lotería. Si el mendigo tenía razón con los números y ganaba podía tener el dinero para el sueño de Samuel. Ella no quería arriesgar lo que creía poseer. Rebeca fue a la panadería y compró el boleto, por poco se le olvida el pan. A su regreso a la casa le comentó a Samuel que había comprado un boleto de lotería electrónica, pero no le dijo nada acerca del mendigo.

Al otro día Rebeca estaba ansiosa por verificar los números. Antes de hacer cualquier cosa decidió mirar en el celular si había ganado o no. Cuando buscó los resultados no lo podía creer. Salieron todos sus números, doce millones de dólares. Sus manos empezaron a temblar. Solo recordaba la sonrisa extraña de aquel hombre diciendo que a él no le hacía falta ese dinero. Salió corriendo a despertar a Samuel y a Sally. Todos estaban bien emocionados y brincaban de la alegría. Ese día ninguno fue a sus deberes cotidianos. Solo pensaban en cambiar el boleto y empezar su nueva vida.

Pasados los días Rebeca y Samuel renunciaron a sus trabajos. Rebeca y Sally se dedicaron a ir de compras hasta el cansancio. Compraron una mansión en uno de los lugares más prestigiosos de la ciudad. Sally quiso que la cambiasen de escuela porque sentía que sus compañeras de clase eran inferiores a su nueva clase social. Samuel hizo su Restaurante sin ninguna restricción de presupuesto, pero le faltaba el apoyo y la ayuda de Rebeca y Sally. Rebeca no tenía tiempo para el Restaurante porque se obsesionó con su físico y su sobrepeso. Se sometió a varias cirugías innecesarias, ya que era muy atractiva. Lo único que hubiese tenido que hacer era rebajar unas cuantas libras por su salud. La relación entre Samuel y Rebeca cada vez se deterioraba más y más. Prácticamente no se veían y Sally se volvió insoportable y engreída. Su aprovechamiento en la escuela cada vez era más deficiente y solo sabía pedir. Sabía que no tenía que esforzarse por nada. Samuel le reclamaba a Rebeca para que se unieran como familia y que tomara el control de las actitudes de Sally, pero todo era en vano. En una de las últimas operaciones de Rebeca algo salió mal y estuvo al borde de la muerte. Estando todavía convaleciendo en el hospital Samuel tuvo que darle la noticia que habían secuestrado a Sally y que estaban pidiendo una fuerte suma de dinero para regresarla. En ese momento Rebeca se dio cuenta que lo que ella había pensado que era su felicidad no lo era. Tal vez ella no estaba preparada para esto.

Pagaron el rescate por Sally y Rebeca fue dada de alta. Luego de esto Samuel le pidió el divorcio a Rebeca, ya que su matrimonio no tenía sentido. Le dijo que ya no era la persona de la que él se había enamorado y que en su ausencia había conocido a alguien que compartía sus ideas y lo apoyaba. Rebeca estaba devastada, se sentía la persona más miserable del mundo. No podía quitar de su mente la sonrisa aquella del mendigo, sentía que se había burlado de ella. Pensaba en su mente: "lo odio, lo odio, ¡viejo desgraciado!"

En la habitación se podían ver a Rebeca y Samuel durmiendo. Faltaban un par de minutos para las 6 de la mañana, hora en que sonaba la alarma del celular de Rebeca. Minutos más tarde la alarma comienza a sonar. Rebeca se despertó bruscamente poniendo una de sus manos en el pecho. Miró para todos lados y vio a Samuel durmiendo a su lado, sintiendo un gran alivio. Como la alarma seguía sonando Samuel se despertó mirando de forma extraña a Rebeca, porque ella siempre la apagaba rápido. Le dijo:

—¿Estás bien?

Rebeca estiró su brazo para apagar la alarma del celular que se encontraba encima de la mesa de noche. Le dijo a Samuel mientras lo abrazaba:

—Tuve una pesadilla horrible (dijo entre sollozos).

Samuel la abrazó más fuerte diciéndole que fue solo una pesadilla, que se tranquilizara. Rebeca se incorporó en la cama y cuando miró la mesa de noche allí estaba el boleto de lotería. No se atrevía a mirar los resultados. Le dijo a

Samuel que lo verificara él. Samuel lo verificó y se puso muy contento. Le dijo a Rebeca que habían ganado un premio menor que les daba para saldar la casa, las deudas y comenzar su negocio. Rebeca lo miró con los ojos llorosos de alegría, lo tomó por la cabeza con ambas manos y mirándolo a sus ojos le dijo:

—Nuestro negocio, Samuel.

Samuel no podía pedir más para ser feliz. Ese día en el trabajo Rebeca le contó todo a Luisa. Le dijo que trabajaría por un tiempo más en lo que Samuel establecía la clientela y que quería ser parte de su negocio cubriendo la parte administrativa y de Mercadeo. Luisa se alegró mucho por Rebeca y Samuel. Rebeca le dijo a Luisa que a la hora de almuerzo buscaría al mendigo para darle las gracias y algo de dinero por los números. Ella quería ayudarlo además de darle dinero. A la hora de almuerzo Luisa y Rebeca salieron a buscar el mendigo, pero no estaba por ningún lado. Le preguntaron al dueño del negocio que estaba cerca de donde se sentaba. Este les dijo:

—El pobre murió anoche. Empezó a gritar fuerte que su misión ya estaba cumplida en repetidas ocasiones. Luego de eso cayó al piso y no se volvió a levantar.

Rebeca y Luisa se quedaron atónitas y sin palabras. Desde aquel día Rebeca vio la vida de manera muy distinta. Cada día al despertar daba gracias por todo lo que tenía y no sufría por falsas carencias. Se sentía como si fuera otra persona. Luego de un tiempo renunció al banco y puso todo su esfuerzo para sacar adelante el negocio familiar. El talento de Rebeca y Samuel y el apoyo de Sally los hizo triunfar en el aspecto económico y emocional. El restaurante familiar se convirtió en uno de los más visitados y recomendado del país.

***

Rebeca tenía muchas cosas por las que debía estar agradecida, pero sin embargo se sentía en carencia. Al creer que había perdido lo que en realidad tenía valor pudo darse cuenta de que lo tenía todo. Ahora sabía cuál era la verdadera abundancia y felicidad.

EL CARACOL BERTO

Era una mañana muy soleada y despejada en el jardín de rosas de Sofía. Sofía sentía mucho amor y admiración por sus rosas que eran de un color rojo intenso. Todos los días en las mañanas les echaba agua y les hablaba:

—Espero que esta agua las refresque y las haga sentir bien. Ese color que ustedes tienen me encanta. Les tengo que comprar un poco de abono en el supermercado para que se vean más espectaculares todavía.

Sofía les decía todo esto con una sonrisa en sus labios. El jardín completo se llenaba de la fragancia de las rosas. Lo que Sofía no sabía era que lo que ocurría en el interior de aquel jardín con los animalitos que allí vivían.

Lo que más abundaba en el jardín eran los caracoles, después de las rosas por supuesto. Estos se paseaban lentamente por el jardín de un lado a otro. Había un caracol que se destacaba de los demás por su alegría y entusiasmo, Berto. Llegó hasta una parte del jardín donde estaban el lagartijo Lalo y el coquí Mario. Berto les dijo:

—La señora Sofía se ve más contenta que nunca. Me gusta ver cómo se disfruta el jardín. Debemos hacer algo para alegrarnos todos aquí también.

—¿Qué sugieres? - dijo coquí Mario.

—Me imagino que debes tener una buena idea - dijo lagartijo Lalo.

El caracol Berto se quedó pensando y luego sus antenas empezaron a moverse muy rápido. Dijo muy entusiasmado:

—¡Hay que hacer una gran fiesta! – dijo mientras hacía un baile.

Como lo dijo en un tono tan alto todas las rosas lo escucharon y entre ellas empezaron a correr la voz. A todas las rosas les encantó la idea y se acercaron a Berto para decirle que aportarían a la fiesta con su belleza y fragancia. Coquí Mario se acercó a Berto y le preguntó:

—¿Quiénes asistirán a la fiesta?

—Todos los del jardín. Los caracoles, las rosas, las orquídeas, las margaritas, Lalo, gallo Golo, perra Pepa, tú y yo – dijo Berto alegre.

Coquí Mario lo miró con gran asombro y le respondió:

—¿Gallo Golo y perra Pepa? Ellos no se llevan bien y se la pasan peleando todo el día. Van a dañar la fiesta y además me ponen muy nervioso.

—Lo sé, pero son parte del jardín. Ya veré qué se me ocurre. -dijo Berto pensativo.

En la tarde apareció gallo Golo por el jardín. Caminaba un poco y luego se detenía para cantar. Era un gallo robusto de plumaje brillante. Sofía lo alimentaba con una mezcla de maíz y purina dos veces al día, pero de todos modos iba al jardín a comer cohitre. Cuando vieron que gallo Golo llegó al jardín todos se pusieron muy ansiosos porque en cualquier momento llegaría perra Pepa y empezaría la pelea. Cuando Sofía estaba en el jardín no peleaban y se ignoraban. Lalo y Mario estaban hablando sobre la fiesta cuando se acercaron varios caracoles. Le preguntaron a Mario si sabía dónde estaba Berto, porque a él le tocaba invitar al gallo. Él fue el de la idea de invitarlo. Lalo se ofreció a buscarlo.

Luego de buscarlo por todo el jardín finalmente lo encontró. Berto estaba haciendo una lista con todo lo que tenía planificado para la fiesta. Lalo se acercó y le dijo:

—Ven, que el gallo Golo apareció y te toca decirle de la fiesta.

—Sí, voy a esperar que aparezca perra Pepa para decirle a ambos – dijo Berto.

Todos en el jardín estaban muy nerviosos por la situación de gallo Golo y perra Pepa. Tal parece que al único que no le afectaba era al caracol Berto. Él ya tenía en mente como iba a manejar todo. Berto se destacaba por su astucia y por eso estaba tranquilo.

Lo que todos temían de repente sucedió, perra Pepa apareció en el jardín. Pepa era una perra grande de color marrón oscuro que tenía siete años. Tenía un aspecto de mal humor y todo el pelo despeinado. Miró para todos lados buscando al gallo Golo para perseguirlo y acosarlo. Pepa nunca llegaba muy lejos con los acosos al gallo porque sabía que si lo mataba o lastimaba su ama Sofía la podía amarrar. Entonces, simplemente se divertía molestándolo para desahogar su coraje. Este comportamiento de Pepa afectaba a todos en el jardín.

De repente Pepa vio a gallo Golo y comenzó la carrera. Se escuchaba las hojas crujir mientras corría. Gallo Golo abrió los ojos bien grandes y empezó a gritar:

—¡Ayuda! ¡Ayuda!

El gallo Golo trataba de correr y volar, pero como estaba tan asustado apenas podía. Todos en el jardín temblaban y se tapaban los ojos. Pepa alcanzó a gallo Golo, le puso una pata encima y le enseñó sus dientes feroces. Golo pensó que era su final. Pepa había llegado muy lejos esta vez. Apareció el caracol Berto y le dijo a Pepa:

—¿Podrías quitar tu pata de encima del gallo? Tengo que decirte algo muy importante, en realidad a los dos.

Pepa estaba muy agitada, pero lo miró con asombro. Un caracol de jardín hablándole a ella, no lo podía creer. Le quitó la pata de encima al gallo y caminó hacia el caracol. Todos se quedaron atónitos viendo aquella escena, pensaron que ya no volverían a ver al caracol alegre. Berto tragó fuerte y por poco se arrepiente de lo que había hecho, pero respiró hondo y continuó.

El gallo iba a salir de allí, pero Berto le dijo que no se fuera. Que tenía que decirle algo a los dos. Todos estaban muy quietos esperando lo que iba a suceder. Berto rompió el silencio y dirigiéndose a Golo y a Pepa dijo:

—Todos en el jardín queremos invitarlos a una fiesta que yo estoy organizando. Ustedes son parte del jardín y queremos que compartan con nosotros también. Nos da mucha tristeza estar viendo sus peleas y carreras. Doña Sofía es muy buena y no merece que pase eso en su jardín de rosas.

Los ojos de perra Pepa se llenaron de lágrimas y gallo Golo se quedó con el pico abierto. Pepa dijo:

—Yo pensaba que todos en el jardín me odiaban. Por eso me desquitaba con el gallo, para que todos vieran mi coraje y nadie se metiera conmigo. Pero, esto lo cambia todo. Por mi parte vendré a la fiesta y no perseguiré más a gallo Golo. Espero que me perdonen por todo el sufrimiento que les causé. ¿Qué dices gallo Golo? ¿Vas a venir a la fiesta también?

—Bueeenooo…. Yo creo que sí – dijo gallo Golo con risa nerviosa.

Berto estaba super contento, su idea había funcionado mejor de lo que pensó.

—Ahora sí que hay más motivos para hacer la fiesta – dijo Berto muy alegre.

Llegó el día de la fiesta. Pepa parecía otra perra, se veía alegre y su pelo sedoso. Gallo Golo se veía feliz y relajado porque ya no tenía que salir huyendo de perra Pepa. Todos los animales y plantas del jardín estaban muy contentos y agradecidos con el caracol Berto. Todos hicieron un círculo alrededor de Berto y comenzaron a bailar. Sofía se asomó al jardín y lo vio más bonito que nunca, pero no sabía el por qué.

***

Muchas personas utilizan el disfraz de la agresividad y el mal humor para ocultar su tristeza y depresión. Pepa se mostraba así porque pensaba que todos en el jardín la odiaban. Berto se dio cuenta y astutamente se las ingenió para ayudar a Pepa y a los demás a ser felices. No te dejes llevar por las apariencias solamente.

LA CUEVA MARAVILLOSA

En un paisaje de campo se pueden varias casas con cierta distancia una de la otra y sin ningún orden en particular. Entre todas ellas estaba la casa donde vivía Lorenzo. Lorenzo era un niño de 10 años que vivía con sus padres y su hermana mayor de 13 años, Veruzka. Lorenzo era un niño tímido que no tenía muchos amigos y pasaba la mayor parte del tiempo solo.

La casa era bastante grande con un amplio balcón en la parte frontal. En él había muchas flores sembradas por la madre de Lorenzo, Jimena. El interior de la casa era acogedor con paredes pintadas de tonos pastel sin ningún tipo de lujos. Jimena mantenía todo en orden y limpio, siempre con un olor a algo dulce.

Eran las nueve de la mañana de un sábado de verano. Todos estaban desayunando en la mesa del comedor, con la vestimenta lista para el día de aventura. El papá de Lorenzo, Rómulo, había preparado un suculento desayuno. Tenían que desayunar fuerte porque iban a necesitar mucha energía durante el día. Explorarían una cueva que estaba cercana al vecindario. Los papás de Lorenzo le habían prometido visitar esa cueva desde que se habían mudado allí, pero ya habían pasado dos años y no la habían visitado aún. Veruzka estaba con cara de enojo porque a ella no le interesaba para nada ir a esa cueva. De solo pensar en tener que caminar bajo el sol, ver animales y plantas le sonaba muy aburrido y agotador. Sus padres le dijeron que tenía que ir porque era un paseo para compartir en familia.

Tan pronto Lorenzo terminó de desayunar se fue al balcón a esperar a sus dos amigos de la escuela que había invitado para la excursión, Jason y Lázaro. Lorenzo estaba muy emocionado. Mientras esperaba procedió a inspeccionar lo que había en el interior de la mochila que llevaría.

Al cabo de unos minutos llegaron Jason y Lázaro acompañados por la madre de Lázaro. Jimena habló con ésta acerca de la salida y se pusieron de acuerdo para que los recogiera una vez terminase la excursión. Jason y Lázaro eran compañeros de clase de Lorenzo y siempre andaban juntos en la escuela, eran sus únicos amigos. La madre de Lázaro se despidió de los niños indicándoles que pasaría por ellos en la tarde. Lorenzo abrió su mochila y se dirigió a sus amigos:

—Miren todas las cosas que llevo. Busqué información de todas las cosas que hay que llevar a una cueva.

—Válgame, tú sí que te crees un profesional y todo jajaja – dijo Lázaro.

—Pues ya sabemos que si nos hace falta algo dónde podemos buscar- dijo Jason sonriendo.

Rómulo y Jimena estaban buscando a Veruzka por toda la casa para poder comenzar el viaje. Finalmente, la encontraron en el patio posterior. Veruzka tenía la esperanza de que se envolvieran en lo del paseo y se olvidaran de ella, pero no fue así. Salieron todos con sus mochilas y emprendieron el camino hacia la cueva. Lorenzo, Lázaro y Jason se entretenían por el camino viendo los pájaros, árboles y demás insectos que se encontraban por allí.

Veruzka se detuvo varias veces para indicar que estaba agotada y que el sol estaba muy fuerte. Rómulo y Jimena le dijeron que no hiciera tanto drama y se disfrutara el camino. Luego de caminar un largo tramo llegaron a la entrada de la cueva. Era un hueco gigantesco dentro de una montaña. En la entrada se veían enredaderas que colgaban en la parte superior. No se veía mucho hacia adentro porque estaba bastante obscuro. En ese momento Lorenzo dijo:

—Es el momento de sacar las linternas para poder entrar a la cueva.

A la entrada se escuchaba el chirrido de los murciélagos. Todos encendieron sus linternas y comenzaron a entrar de forma pausada. Se podía sentir el cambio en la temperatura, una frialdad acompañada de cierta humedad. Se podía escuchar el constante goteo del agua en el interior y el chirrido de los murciélagos. Por fortuna todos tenían sombreros por lo que no les preocupaba que un murciélago se les enredara en el pelo. Los ojos de Lorenzo estaban sumamente abiertos, atentos a todo a su alrededor. No quería perder el más mínimo detalle. Contrastaba con la cara de desagrado de Veruzka que daba cualquier cosa por no estar allí.

Lázaro y Jason miraban las paredes de la cueva y hacia abajo con detenimiento buscando cualquier indicio de algún animalito.

—Jason! Jason! Mira esa araña. - dijo Lázaro señalando con el dedo una araña que caminaba lentamente por una de las paredes de la cueva.

—Uyyy! Tiene pelitos. No la toques. – dijo Jason asustado.

—No sean tan miedosos. Es solo una pobre araña asustada, bendito. – dijo Lorenzo con aire valiente.

Lorenzo se acercó rápidamente con una lupa en la mano que había sacado de su mochila. Trató de caminar tan rápido sobre el suelo húmedo que tuvo un gran resbalón. Cayó estrepitosamente al piso completamente sentado. La lupa y la linterna salieron volando de forma violenta. La linterna aterrizó en la cabeza de Veruzka. La araña caminó a toda velocidad escondiéndose en una grieta. Todos comenzaron a reír excepto Lorenzo y Veruzka. Jimena mandó a hacer silencio, ella sabía que en las cuevas no se puede hacer ruido porque pudiera provocar derrumbes de rocas.

—Ya esto es demasiado, vámonos ahora. – dijo Veruzka muy molesta.

—¿Estás bien? – dijo Rómulo revisando la cabeza de Veruzka.

—No, me quiero ir ahora.

—Tienes que mejorar tu humor, eres muy joven para tanta amargura. - dijo Rómulo serio.

Lorenzo se levantó con toda la ropa empapada. Recogió la lupa y la linterna, esta última seguía funcionando a pesar del golpe. Se limpió las manos con la misma ropa y dijo:

—Bueno, aquí no ha pasado nada. ¡Sigamos explorando!

—No podemos seguir porque tienes la ropa completamente mojada y con la humedad que hay aquí te enfermarías. - dijo Jimena preocupada.

—No hay por qué preocuparse. En mi mochila tengo ropa adicional, o sea que me puedo cambiar. – dijo Lorenzo sonriendo.

La idea de Lorenzo no le hizo ninguna gracia a Veruzka que ya se veía saliendo de allí. Rómulo y Jimena hablaron entre sí en voz baja por un momento. Decidieron que Lorenzo se cambiara para poder continuar, pero con la condición de que serían breves en lo que faltaba de ver en la cueva. Lorenzo les dijo que se iría a cambiar detrás de unas estalagmitas gigantescas que había más adelante. Los demás lo esperarían donde mismo estaban.

Lorenzo caminó hacia las estalagmitas y una vez detrás de ellas puso la linterna encendida en el piso mirando hacia arriba, mientras se cambiaba la ropa. Una vez terminó colocó la ropa mojada en una bolsa plástica y luego dentro del bulto. Hacía tiempo que Lorenzo había estado estudiando cómo prepararse para explorar una cueva y por tal razón su mochila tenía todo lo necesario para ello. De repente la linterna se apagó y se quedó todo absolutamente oscuro. Sintió mucho miedo y su corazón latía en su garganta. Debió ser que el golpe que recibió la linterna la había hecho fallar. Cuando ya estaba a punto de gritar escuchó una voz que le dijo: "no me digas que tienes miedo".

—¿Eres tú, Jason? – dijo Lorenzo con voz temblorosa.

—Yo creo que es mejor que revises la linterna a ver si prende. – dijo la voz.

Lorenzo se bajó y empezó a buscar con sus manos en el piso, a ver si daba con la linterna porque no veía absolutamente nada. Ya se imaginaba cuando la encendiera todos mirándolo y riéndose de él, especialmente Lázaro y Jason que les gustaba hacer maldades. Por fin encontró la linterna, se incorporó y empezó a darle pequeños golpes a ver si prendía. ¡Al fin prendió! De inmediato miró hacia al frente y hacia arriba. Lorenzo quedó pasmado y antes que gritara, la voz, que era un murciélago le dijo:

—Que no se te ocurra gritar. Recuerda lo que dijo tu mamá acerca de los ruidos en las cuevas. No queremos quedar sepultados todos aquí.

Lorenzo tuvo que contenerse y hacer fuerza para no gritar. No sabía lo que estaba pasando porque era totalmente increíble que un murciélago le estuviese hablando. Eran muchos murciélagos y estaban en grupos colgando de sus patitas del techo de la cueva.

Lorenzo decidió hablar entonces:

—¿Todos pueden hablar?, ¿Estoy soñando?, ¿Estoy loco?

—Solo me escucharás a mí porque entre todos decidieron que fuera yo el que me comunicara contigo. No sé si lo sabes, pero eres un niño muy especial. - dijo el murciélago.

—Pues lo único que sé es que a veces me gusta estar solo y no tengo muchos amigos. A veces se ríen de mí porque no pienso igual que los demás. Quisiera ser como las otras personas. ¿Y qué me dices de ti? – dijo Lorenzo curioso.

—A mí las personas me catalogan como un animal repugnante y que supuestamente nos gusta enredarnos en los cabellos de las personas. En verdad somos un poquito feos, pero de buen corazón. La realidad es que somos excelentes polinizadores, pero la mayoría de las personas se enfocan en las cosas negativas e ignoran las virtudes. Pero tú no eres así, por eso te digo que eres especial. Debes sentirte orgulloso de ser especial y no lo contrario. Llevo esperando tiempo a que vinieras a visitarnos. Tu amor por los animales te hace un ser extraordinario. – dijo el murciélago convencido.

—Qué bueno escuchar eso, pero de todos modos soy muy tímido y no me gusta como soy.

—Yo tengo un regalo especial. Esa piedra trasparente que parece un cristal es para ti- dijo el murciélago señalando hacia uno de los lados de la cueva.

—Es muy bonita y brillante – dijo Lorenzo tomando la piedra en sus manos.

—Lleva esa piedra en tu bolsillo todo el tiempo. Con ella ya no serás tan tímido y te sentirás feliz de ser a veces distinto y especial. No tendrás miedo a expresar tus ideas y sueños.

Lorenzo le dio las gracias y la guardó en el bolsillo del pantalón. En ese momento no creía mucho lo que estaba escuchando. El murciélago le dijo:

—A cambio me prometes hablar bien de nosotros y contar nuestras virtudes. Puedes venir a visitarnos cuando gustes, pero recuerda que solo tú podrás comunicarte conmigo.

—Seguro que sí. Ya debo irme, me deben estar extrañando. Me he tardado mucho en cambiarme. -dijo Lorenzo.

—No te preocupes por eso. Esta cueva es maravillosa. Cuando regreses de cambiarte no se darán cuenta de nada.

Lorenzo se volteó hacia donde estaba su familia, pero luego miró hacia atrás para ver los murciélagos por última vez. Para su sorpresa no había nada allí. Inmediatamente tocó su bolsillo para verificar si tenía la piedra. En efecto la tenía, lo que lo confundió aún más. Salió de allí a toda prisa y se encontró con su familia y amigos. Jimena lo miró sorprendida y le dijo:

—Pero que rápido te cambiaste. ¿Hiciste magia? – dijo en tono sarcástico.

—Uyuyuy, parece que viste un fantasma. ¿Qué te pasa? – dijo Jason preocupado.

—No pasa nada, estoy muy bien. – dijo Lorenzo disimulando su desconcierto por todo lo sucedido.

—Sigamos entonces, que ya tengo un poco de hambre. Cuando lleguemos a la casa ordenaremos pizza. – dijo Rómulo.

Terminaron el recorrido por la cueva. Lorenzo estuvo tranquilo y muy callado, cosa que extrañó a todos. Veruzka no dijo nada del comportamiento extraño de Lorenzo porque le convenía a ella, así terminarían más rápido la exploración. Lorenzo tocaba constantemente la piedra en su bolsillo en el viaje de regreso a la casa. Le parecía que al alejarse de la cueva la piedra pudiera desaparecer en cualquier momento.

Una vez llegaron a la casa ordenaron la pizza. Cuando terminaron de comer se fueron al balcón a conversar un rato, excepto Veruzka que dijo se daría un buen baño. Había sido un día más que terrible para ella. Los padres de Lorenzo se sentaron a conversar un rato mientras los tres niños se sentaron en el piso a jugar un juego de mesa. Ya Jimena había llamado a la madre de Lázaro para que los fuese a buscar. Al rato fueron a buscar a los amigos de Lorenzo y la familia entró para bañarse y descansar. Esa noche Lorenzo no podía dormir pensando en todo lo que había sucedido.

Cuando comenzó el período escolar Lorenzo iba todos los días a la escuela con la piedra cristalina en uno de los bolsillos. Lorenzo siempre había deseado ser veterinario porque le gustaban mucho los animales y de esta forma podría ayudarlos y estar en contacto con ellos. Pero, su sueño se venía abajo porque no tenía buenas notas. Su inseguridad lo hacía incapaz de lograr cualquier meta que se forjara en su mente. El comienzo de este nuevo año escolar sería diferente, ya que tenía la piedra maravillosa que le había obsequiado el murciélago, pensaba Lorenzo. Siempre que tenía la oportunidad hablaba sobre la importancia de los murciélagos con compañeros de clase, familiares y amigos.

Al finalizar ese año escolar todos quedaron sorprendidos con las notas de Lorenzo que fueron excelentes. Además de su buen aprovechamiento académico había participado en actividades en las que había socializado excelentemente. Lorenzo se sentía muy contento y entusiasmado. Sentía que podía lograr cualquier cosa que se propusiera. A veces sentía deseos de volver a la cueva para agradecer a los murciélagos, pero no se atrevía.

A Veruzka no le gustaba estudiar y se pasaba quejándose de sus tareas. Un día Lorenzo le dijo:

—No te preocupes, cuando yo sea más grande te voy a emplear en mi negocio.

—Ja ja ja ja, no me hagas reír – dijo Veruzka en tono de burla.

Pasó el tiempo y Lorenzo se convirtió en médico veterinario. No era un veterinario más. Tenía un don especial que sabía lo que le aquejaba a el animal antes de que el dueño le dijera nada. Muy pronto se corrió la voz y su clientela cada vez era mayor. Lorenzo disfrutaba su trabajo de una manera que no podía describir.

Un día decidió que ya era hora de visitar aquella cueva misteriosa que visitó de niño a ver qué pasaba. Desde aquel día había guardado el secreto de lo que allí había pasado. De niño nunca se atrevió a volver, pero ya era un adulto y podía ir solo esta vez. Una vez llegó a la entrada de la cueva respiró hondo y procedió a entrar. Prácticamente se veía todo igual. Caminó hacia donde se había cambiado de ropa aquel día y para su sorpresa allí estaban los murciélagos. Todos empezaron a hacer un chirrido muy agudo que hizo que se tapara los oídos. De repente el murciélago que le había hablado la otra vez comenzó a decirle:

—¡Oh! Disculpa, hemos gritado de la emoción al verte. Ya eres un hombre. Nos alegramos de verte nuevamente.

—Perdón por no haber venido en todo ese tiempo. Era un niño y me daba miedo venir, pero quiero darles las gracias por haberme obsequiado esa piedra maravillosa que me hizo ser otra persona. Pude lograr mis sueños, sentirme realizado y seguro de mí. Hice cosas que no sabía que podía hacer. Me intriga saber qué tiene esa piedra. ¿Me puedes decir? No se lo diré a nadie. – dijo Lorenzo.

El murciélago abrió sus ojos bien grandes y dijo:

—¿En verdad quieres saber qué tiene la piedra? Vaya, vaya, vaya.
—¿Qué pasó? ¿Cuál es el misterio? – dijo Lorenzo.

El murciélago comenzó a volar de lado a lado. De momento se quedó quieto y dijo:

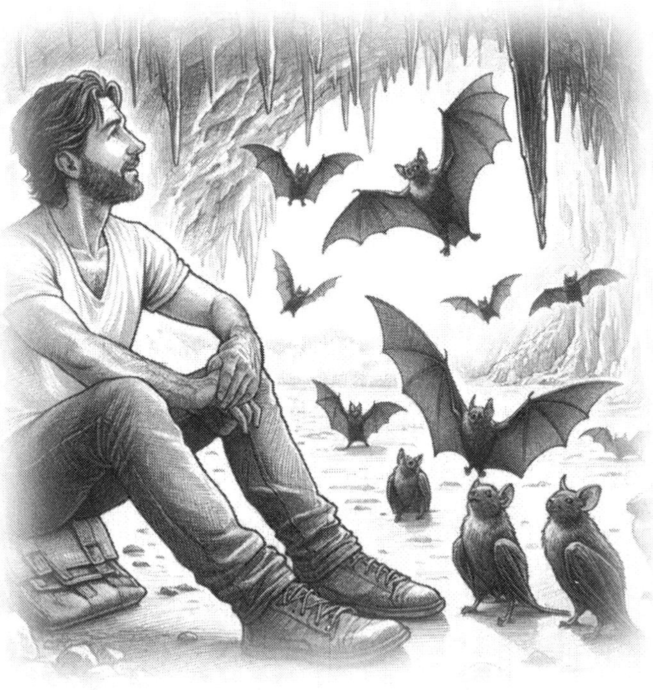

—Creo que no te va a gustar lo que te voy a decir. La piedra no tiene nada. Todo lo que lograste hacer lo hubieses hecho sin ella. Te hice creer que era especial, pero en realidad el especial eres tú. Necesitabas creer en ti mismo y sabía que tenías en tu interior todo lo que necesitabas para lograrlo. Pero si no lo creías no lo ibas a lograr nunca.

Lorenzo se quedó atónito con aquella contestación. Recordaba todo ese tiempo con la piedra en uno de sus bolsillos e inclusive el saber estar llegando a un sitio y virar porque se le había quedado. Sacó la piedra de su bolsillo y se quedó mirándola fijamente. Hubo un silencio antes de decir:

—He sido un tonto por creer que una piedra haría todo eso en mí. Siempre fui yo.

—No lo hicimos por mal. Solo queríamos que te sintieras capaz de hacer todo lo que podías hacer y que pudieras aportar con tus dones a los demás. Ese talento no se podía perder. – dijo el murciélago.

—Entiendo, tienes razón. Todavía falta por hacer. Ahora que sé que no es la piedra y que soy yo, voy a ir por más. Haré un negocio más grande donde pueda ayudar a más animalitos y emplear a más personas. Gracias nuevamente por hacer que me sintiera digno de pensar en grande. De todos modos, guardaré la piedra como un obsequio especial. Me han dado una gran lección que usaré cuando tenga hijos.

—Qué bueno que te hemos servido de ayuda. – dijo el murciélago alegre.

—Lo que nunca sabré es cómo puedo escucharte.

—Por eso no te preocupes. Esta es una cueva maravillosa y cualquier cosa puede suceder. Lorenzo salió de allí con una emoción muy grande en su corazón. Tenía muchas ideas en su mente. Pasaron varios años y Lorenzo pudo cumplir otro de sus sueños, hacer un complejo enorme que prestaba diferentes servicios a dueños de animales. Incluía a un hospital con servicio las 24 horas, hotel, aseo, embellecimiento y tienda de comestibles y artículos. Los padres de Lorenzo estaban muy orgullosos de su hijo, pero sobre todo de su dedicación y poder de sanación con los animales. Veruzka estaba muy agradecida de su hermano porque le dio la oportunidad de administrar la tienda de comestibles y artículos. Veruzka recordaba el día que Lorenzo le había dicho que la emplearía y ella se burló. A pesar de que a ella no le gustaba estudiar mucho terminó su bachillerato en la universidad a insistencia de sus padres. Cosa que luego agradeció grandemente porque de no ser así no hubiese estado preparada para la gran oportunidad que le brindó Lorenzo.

Lorenzo se casó con una de las veterinarias del Hospital. Habían estudiado juntos en la Universidad y habían sido amigos desde entonces. Un día se dieron cuenta que el amor que existía entre ellos era más que una amistad. Producto de esa unión tuvieron una niña y un niño a los que les encantaba que su padre les contara antes de acostarse los cuentos de la cueva maravillosa.

***

Lorenzo no tenía confianza en sí mismo y creyó que su nueva confianza provenía de la piedra mágica de la cueva. Una vez se dio cuenta que la confianza en sí mismo radicaba en su interior, su potencial fue ilimitado. Las personas, circunstancias y otros elementos externos a nosotros no determinan cuán lejos podemos llegar. Todo lo que necesitas para realizarte como persona se encuentra dentro de ti.

EL DESEO MÁS HERMOSO

En un centro de llamadas de una Compañía de servicio en el que los operadores están divididos por cubículos, se pueden escuchar muchas personas hablando a la vez. En uno de los cubículos se puede observar a Leonel, un joven de 28 años, delgado, con pelo negro, recorte anticuado y de aspecto pálido. Estaba muy molesto tratando de explicar las limitaciones de cierta garantía a un cliente, pero sin éxito. La persona estaba exigiendo hablar con un supervisor porque entendía que lo que le estaba indicando Leonel era muy injusto. Luego de varios intentos fallidos Leonel se rindió y pasó la llamada a su supervisora. Sintió cierto alivio, pero a la misma vez frustración. Ya era la hora de almuerzo y se levantó de la silla casi corriendo hacia el ponchador. No quería que le fuesen a pasar la llamada de esa persona nuevamente o que su supervisora le preguntase acerca del incidente.

La mayoría de los operadores comían en una cafetería que estaba dentro de la misma Compañía. Los precios eran bastante económicos porque la Compañía pagaba un 30 por ciento de lo consumido por sus empleados. Había unos pocos como Leonel que llevaban su almuerzo para calentarlo allí. Leonel quedó huérfano cuando tenía 22 años, ya que sus padres murieron en un accidente automovilístico. Como Leonel era único hijo heredó la casa, dos automóviles y una cantidad de dinero considerable. Aun así, Leonel se sentía miserable porque sus padres llegaron a amasar una fortuna millonaria y la perdieron por malas decisiones. Leonel hacía los gastos estrictamente necesarios porque tenía miedo de perder lo que tenía.

Se dirigió a la cocina de la Compañía con la lonchera en la mano. Ese día llevó una lata de espagueti con unos pedazos de pan. Calentó la comida y se sentó a comer lentamente. Mientras comía repasaba en su mente las conversaciones que había tenido con las distintas personas. Leonel odiaba su trabajo, sentía que las personas que llamaban allí eran idiotas y nunca entendían nada. A pesar de que no quería estar allí no hacía nada por cambiar su situación. Cualquiera pensaría que Leonel no tenía dinero para comprar comida, pero en realidad tenía más que la mayoría de sus compañeros de trabajo. Justo cuando acababa de terminar su comida apareció Rosaura, una compañera de trabajo. Se acercó a Leonel y le dijo:

—¿Por qué un día no haces la excepción y comes con nosotros en la cafetería?

—¿En algún momento te has puesto a sacar cuenta de cuánto se gasta mensualmente en la cafetería? – dijo Leonel sin ninguna expresión en su rostro.

Rosaura comenzó a reír. No podía creer que Leonel hablaba en serio. Ella conocía su historia, ya que habían estudiado juntos en la escuela. Rosaura le contestó:

—A mí no me vengas con ese cuento que yo sé que tú tienes dinero para repartir. No sé para que lo quieres entonces. Eres joven y te comportas como un viejo avaro y aborrecido.

—Así soy. Yo no voy a cometer los mismos errores que mis padres. - dijo Leonel molesto.

—Todos los extremos son malos. Ellos no supieron administrar y gastaron de más, pero lo que tú haces está mal también. A ver, dime, ¿te sientes feliz y satisfecho con lo que haces?

—Lo que se ve no se pregunta, seguro que no. - dijo Leonel con tono triste.

En ese momento Rosaura se sintió mal de haber hecho la pregunta, pero se sentía en la obligación de no quedarse callada y tratar de ayudar. Recordaba a Leonel como un muchacho muy alegre y simpático en la escuela, hasta que sus padres cayeron en desgracia. Luego de eso dejó de ser el mismo. Erróneamente le dio más valor al dinero y a lo material de lo que debía. Al no tener la fortuna millonaria de la que disfrutaba antes se sentía un don nadie. Rosaura quería ayudarlo, pero no sabía cómo. De repente se le ocurrió algo y le dijo:

—¿Hace cuánto no tomas vacaciones?

—Nunca uso los días de vacaciones. Siempre pido que me los paguen. - dijo Leonel en voz baja.

—¿En Serio? ¿Pero cómo es posible? ¿Tú estás loco? - dijo Rosaura mirándolo con incredulidad.

—Mira Rosaura, agradezco tu intención, pero tú nunca me vas a entender.

—Quizás no, pero al menos déjame recomendarte algo. - dijo Rosaura entusiasmada.

—Tiene que ser rápido porque ya mismo entro nuevamente al turno.

—Ok. Tengo una amiga que alquila una casa de campo bien bonita y pintoresca. Una vez me quedé allí con mi esposo y de verdad que es un remanso de paz. Es para relajarse de las tensiones y ajetreos de la vida diaria. A mí me encantó. Ah, y le puedo decir que te haga precio especial para que no gastes tu fortuna. – dijo Rosaura riendo.

—Bueno, ya tengo que entrar. No creo que vaya, pero te prometo que por lo menos lo voy a pensar. - dijo Leonel por cumplir.

Rosaura sabía que no lo iba a pensar, que era tiempo perdido. Ella sabía que Leonel no podía sentirse bien con la forma en la que veía la vida. Al menos hizo el intento de persuadirlo.

Ese día cuando Leonel llegó a su casa, la que había heredado de sus padres, se tiró en el sofá de la sala y se quedó profundamente dormido. A causa de su ansiedad no podía dormir bien en las noches y cuando lograba quedarse dormido tenía pesadillas que lo hacían despertarse bruscamente. Por esta razón muchas veces durante el día se sentía agotado. Luego de aproximadamente una hora durmiendo en el sofá se despertó agitado, ya que estaba en medio de una pesadilla. Leonel se sentía atrapado en sus propios pensamientos y estaba en un callejón sin salida. Se levantó del sofá con todo el cuerpo sudoroso. Decidió darse un baño tibio para calmar su angustia. Mientras se bañaba empezó a tomar en consideración lo que le había dicho Rosaura en el almuerzo. Tal vez ella tenía razón. Decidió ponerse a dibujar mientras seguía considerando tomarse un par de días de vacaciones. Leonel dibujaba muy bonito. Cuando era pequeño había tomado muchas clases de dibujo. Lo que le faltaba era la inspiración, porque no se le ocurría qué pintar. A veces estaba largo tiempo pensando antes de hacer un trazo. Finalmente decidió dibujar a sus padres. Los recordaba con cariño y a la misma vez con decepción. Dejó el dibujo inconcluso como tantas otras veces para jugar un videojuego, que era su otro entretenimiento.

Pasaron varias semanas antes de que Leonel se decidiera a tomar en consideración el consejo de Rosaura. Ese día en el trabajo Leonel se acercó a Rosaura y le dijo:

—Rosaura, he decidido que voy a tomar tu consejo. Fui a recursos humanos y pedí una semana de vacaciones para el mes que viene. Por poco no me las dan, porque ya se habían acostumbrado a pagármelas. Me preguntaron que si estaba enfermo. En realidad, estoy enfermo de vivir para trabajar solamente.

—¡Qué bien! No sabes cuanto me alegra que tomes un tiempo para ti. Hay que mantener un balance en la vida. No todo puede girar en torno al trabajo, seríamos máquinas entonces. -dijo Rosaura alegre.

—A ver si puedes darme el contacto de tu amiga. Me gustaría alquilar la casa que me dijiste.

—Seguro. Le puedo decir que te haga un descuento.

—¡No! -dijo Leonel enérgicamente. Que me cobre lo justo. No quiero que piense que soy un avaro desquiciado.

—Está bien, no hay problema. -dijo Rosaura extrañada.

Leonel había tenido suficiente tiempo para pensar en todo lo que le había dicho Rosaura. Él sabía muy bien que no tenía necesidad de pedir consideración económica. Rosaura estaba más emocionada de las vacaciones de Leonel que el mismo. Inmediatamente se puso en contacto con su amiga para coordinar las vacaciones de Leonel. Leonel le dijo que le separara la semana completa. Rosaura quedó sorprendida cuando Leonel no protestó por la tarifa de la semana completa. Leonel era por naturaleza egoísta, pero también era educado, por lo que le hizo saber a Rosaura que estaba muy agradecido por las gestiones hechas.

Por fin llegó el día en el que Leonel comenzaría sus vacaciones. Se sentía un poco nervioso porque era algo que lo sacaba de su rutina, pero a la vez sentía un poco de emoción por la expectativa de cómo sería su nueva experiencia. Durante el viaje hacia la casa de campo Leonel pensaba en qué cosas podía hacer durante su estadía.

Se llevó su computadora, máquina para jugar juegos electrónicos y materiales para dibujar. Le indicaron que había wifi en la propiedad. De todos modos, él estaba determinado a obligarse a hacer otras cosas como el senderismo, tomar fotografías y estar en contacto directo con la naturaleza. El viaje se hizo cómodo, ya que llegó fácilmente con las instrucciones que le había dado Rosaura. Estacionó su carro frente a la casa y se dispuso a bajar su equipaje. Eran bastantes bultos y bolsas, aunque era equipaje de una persona solamente. Leonel era muy calculador y llevó todo lo necesario para no tener que salir a comprar nada durante su estancia, incluyendo la comida.

Leonel se detuvo a mirar la casa antes de entrar. Esta casa era hermosa y sus alrededores daban paz. Luego de acomodar todo el equipaje se preparó un sándwich y un poco de chocolate con leche. Ya estaba oscureciendo y se empezaba a escuchar los coquíes y los grillos. Era un sonido diferente para Leonel, ya que la casa donde vivía era en una urbanización donde las casas estaban bien pegadas, había mucho cemento y poca vegetación. La temperatura de esta casa era muy placentera a diferencia del calor que hacía en la de él. A pesar de que la casa tenía aire acondicionado decidió no prenderlo porque la temperatura era muy agradable. Solo prendió los abanicos de techo. Se sentó a mirar su celular en el que tenía un mensaje de Rosaura preguntando si había llegado bien. Inmediatamente le contestó que sí y que la casa y los alrededores eran de su agrado.

Se fue a la mesa del comedor a tratar de finalizar alguno de los dibujos que nunca había terminado. Se había llevado varios de ellos con la esperanza de poder concluir al menos uno. De entre todos los dibujos tomó el de sus padres. Se quedó dormido dibujando en la mesa con la cabeza recostada en uno de sus brazos. De repente se despertó desorientado mirando hacia los lados con el ceño fruncido. Luego cayó en cuenta que no estaba en su casa, miró su celular y eran las 12:30 de la mañana. Se fue a la habitación y se tumbó en la cama cayendo en un sueño profundo.

Esa primera noche Leonel tuvo un descanso muy reparador. Durmió tan profundo que no podía recordar nada de lo que había soñado. Eran las siete de la mañana y se podían escuchar a algunos gallos cantando y algunas otras aves. Se sentía muy extraño con esos sonidos porque estaba acostumbrado al bullicio de voces del centro de llamadas.

Leonel se percató que no estaba funcionando el internet, pero no le prestó mucha atención porque pensó que lo más probable se reestablecería más tarde el servicio. Preparó desayuno con café y se dirigió al balcón a tomar su desayuno. Mientras estaba desayunando se puso a observar el paisaje a su alrededor. Pasó por su mente que quizás debió alquilar por menos días porque probablemente se iba a aburrir allí, pero por otro lado el descanso que había tenido en la noche había sido excepcional. Mientras estaba absorto en sus pensamientos se le acercó un hombre de mediana edad, de tez trigueña y de baja estatura. Se acercó a Leonel y le dijo:

—Buenos días. Mi nombre es Clemencio, hermano de la que te alquiló la casa. Tengo la finca de café y frutos aquí al lado (señalando hacia el lado derecho de la casa). Si desea le puedo mostrar las siembras.

Leonel se quedó pensativo mirando hacia donde había señalado el hombre. De repente dijo:

—Sí, seguro. Quería aprovechar que está aquí para decirle que el internet no está funcionando. ¿Será que hay una avería?

Clemencio se sonrió y alzó las cejas. Se quitó el sombrero y rascando la cabeza le dijo:

—Casi nunca hay, pero le digo a mi hermana para que llame al técnico.

—Gracias. -dijo Leonel confundido.

Ese día Leonel estuvo toda la mañana con Clemencio en la finca viendo el proceso de recogido y proceso del café. Además, pudo caminar y observar otros plantíos que había en la finca. En la tarde fueron a la casa de Clemencio donde Shanon (esposa de Clemencio) había preparado un banquete delicioso. Leonel nunca había probado una comida tan sabrosa. Les dio las gracias en repetidas ocasiones a ambos y se fue caminando hasta la casa. Cuando llegó a la casa se molestó un poco porque recordó las palabras de Clemencio cuando dijo que casi nunca había internet, pero luego trató de tranquilizarse pensando que sería solo unos días los que estaría allí. Estaba agotado físicamente, ya que no estaba acostumbrado a dar caminatas bajo el sol. Se dio un baño tibio y cayó rendido en la cama pensando que su sueño sería tan reparador como la noche anterior.

Esa noche Leonel comenzó a soñar que caminaba por una vereda extremadamente hermosa. Había mucha vegetación verde y muchas flores de distintos colores. Nunca había estado en un lugar tan hermoso como este, que le daba una sensación de paz. Sintió un ruido a su izquierda, como pisadas crujiendo en hojas secas. Era una ovejita blanca que lo miraba fijamente. A Leonel no le gustaban los animales, pero sintió el deseo de tocarla y así lo hizo. Su pelaje era extremadamente suave, lo que hizo que Leonel sintiera una sensación de bienestar en todo su cuerpo. Mientras Leonel pensaba en qué sitio sería este, se escuchó una voz a lo lejos que le decía:

—Algún día estarás aquí.

En ese momento Leonel no entendía lo que estaba pasando. Él no sabía que estaba en un sueño. Siguió caminando y luego de caminar un rato, el cielo se empezó a oscurecer. Estaba totalmente oscuro lo que hizo que tropezara con un muro de frente. El muro le llegaba a la cintura. Decidió mirar por encima del muro hacia abajo. Era un abismo negro con humo blanco. En ese preciso momento un frío recorrió todo su cuerpo y se echó hacia atrás de manera abrupta. Un gran temor se apoderó de su cuerpo. La voz le dijo:

—Al igual que existe el bien, también existe el mal. ¿Cuál es tu mayor deseo en la vida?

—Pues me avergüenza decirlo, pero me gustaría ser millonario como fueron un día mis padres. -dijo Leonel murmurando.

—Cierra los ojos y luego al abrirlos, tu deseo será concedido. – dijo la voz en tono fuerte.

Leonel hizo tal y como dijo la voz. De repente se encontraba en una mansión con muchos lujos. Leonel sintió mucha alegría, al fin tenía lo que el entendía le había sido arrebatado. Se asomó por el balcón y pudo ver una flota impresionante de carros de lujo. Se dirigió al que ahora era su cuarto y la cama era extremadamente grande y mullida, el armario estaba repleto de ropa, zapatos y accesorios finos.

Durante toda la noche estuvo soñando que disfrutaba de una riqueza ilimitada, cenas en restaurantes finos, viajes exóticos por avión y cruceros y adquisición de bienes de todas clases. En las postrimerías del sueño tomó un momento para pensar en cómo se sentía y para su sorpresa se sentía vacío y triste. No podía creer que se sintiera tan triste. De repente despertó, ya había amanecido. Todavía sentía la decepción del sueño y podía recordarlo con detalles. Al menos no había tenido pesadillas, que era lo que usualmente tenía en su casa.

Ese día Leonel decidió quedarse en la casa para dibujar las escenas que había visto en el sueño porque las tenía muy claras en su mente y no quería perder la oportunidad. Mientras dibujaba meditaba sobre lo sucedido en el sueño. Logró hacer dos pinturas que quedaron impresionantes. Cuando ya estaba anocheciendo pasó Clemencio por la casa y le preguntó a Leonel si ya tenía servicio de internet. Leonel le dijo que en realidad no sabía porque se había pasado todo el día dibujando. Le mostró los dibujos que había hecho incluyendo el de sus padres. Clemencio quedó impactado con aquellas obras y le dijo:

—Muchacho, tienes un talento extraordinario. Me imagino que te dedicas a eso, ¿verdad?

Leonel se limitó a decirle que no, pero no se atrevió a decirle que trabajaba en un centro de llamadas. Para cambiar el tema le preguntó cómo le había ido con las siembras. Clemencio le dijo que bien, que cuando quisiera podía ir a ayudarle y cenar en su casa. A Leonel le había gustado estar en los sembradíos por lo que le dijo que al día siguiente aceptaría la invitación. Aunque sinceramente lo más que le había gustado era la cena que había preparado la esposa de Clemencio. Era la tercera noche que pasaba en aquella casa. Leonel se estaba disfrutando las vacaciones porque sentía que estaba viviendo experiencias nuevas. Esa noche cuando se quedó dormido volvió a soñar que estaba en el mismo sitio del sueño anterior, pero no sabía que estaba soñando. Volvió a escuchar la voz preguntando qué era lo que más deseaba. Leonel recordaba que se ser millonario no le había dado la felicidad y lo había hecho sentir vacío. Entonces Leonel dijo:

—Quiero ser una persona muy inteligente y respetada por todos. Quiero ser un neurocirujano con mucho prestigio y fama. Eso me hará sentir importante y feliz.

De repente se encontraba en un auditorio grande ofreciendo una conferencia en un congreso anual de médicos de todo el mundo. Todos los médicos allí presentes le prestaban mucha atención y se admiraban de su gran conocimiento. Leonel se sentía extremadamente bien al ver que todos le reconocían. Además del reconocimiento, ganaba mucho dinero y llevaba una vida de lujos. En este sueño también, luego de un tiempo empezó a sentir vacío y tristeza. Otra vez no podía entender por qué se sentía así si lo tenía todo. Leonel despertó con sobresalto, percatándose que ya había amanecido. Sintió alivio de saber que era un sueño a pesar de que en el sueño era alguien prestigioso.

Desde el cuarto día hasta el último, antes de irse de la cabaña, los pasó ayudando a Clemencio y compartiendo en su casa. Clemencio le dijo que era la primera persona de los que se quedaba allí que había aceptado su invitación. Por otro lado, Leonel no podía creer que no le había hecho falta el internet y que llevó a pasear su consola de juegos electrónicos.

Las noches subsiguientes Leonel soñó con varios deseos que fue solicitando en busca de la verdadera felicidad. Pidió ser un cantante con mucha fama y dinero, un político con mucho poder e influencias, pero todo era en vano. Seguía sintiendo una sensación de tristeza y vacío. Leonel llegó a hacer varios bocetos de paisajes y escenas vistas en sus sueños.

La última noche pasó algo distinto, porque una vez en sueños no sabía qué pedir. De repente se encontró caminando por un pasillo largo y blanco. Al final del pasillo se veía una puerta abierta. Siguió caminando hacia la puerta. Mientras se acercaba, escuchaba cada vez más fuerte una conversación entre dos personas. Cuando finalmente llegó hasta la puerta pudo ver a un compañero de trabajo que le había hecho la vida imposible por años, postrado en una cama quejándose de dolor. Dos familiares del hombre conversaban al lado de la cama. Leonel quedó impresionado con aquella escena. El hombre que estaba en aquella cama se había burlado de el en innumerables ocasiones, le había hablado de forma despectiva y otras tantas cosas sin el haberle hecho nada.

Leonel tenía sentimientos encontrados porque a pesar de haber sucedido todo eso no podía sentirse bien viéndolo en esas circunstancias. Empezó a sentir un malestar en su cuerpo y comenzó a dar hacia atrás. Dio un giro y caminó lo más rápido posible por el pasillo en dirección contraria. De momento se detuvo, estaba sudoroso y respiraba de forma agitada. Escuchaba a lo lejos a aquel hombre quejarse de dolor. Tapándose los oídos y con lágrimas en sus ojos dijo:

—¡Quiero pedir un deseo! Quiero ser un sanador.

Se dirigió nuevamente al cuarto donde estaba aquel hombre y sus dos familiares. Se paró en la puerta y los tres se le quedaron mirando fijamente. Los ojos del hombre en la cama estaban abiertos de forma grotesca como si hubiera visto algo espeluznante. Leonel entró suavemente a la habitación y tomó una de las manos del hombre postrado en la cama. En ese momento no sintió ningún tipo de rencor, solo quería sanarlo, ayudarlo. El hombre solo decía muchas veces:

—Perdón, perdón – entre sollozos.

Leonel cerró sus ojos y sintió una paz muy profunda en su corazón. Al abrir sus ojos aquel hombre se había sanado, tenía una expresión totalmente distinta en su rostro. No podía creer que era la misma persona. El hombre y sus familiares al ver esto comenzaron a darle las gracias a Leonel por haberlo sanado. A lo que Leonel respondió:

—El sanado fui yo, descubrí algo que no conocía.

Al despertar, Leonel comprendió que no tenía que estar en un sueño para ser un sanador, que podía sanar en realidad a personas con almas rotas. Que donde quiera que fuese, en cualquier momento y en cualquier lugar podía tener la oportunidad de sanar. De esta forma sintió la verdadera paz y felicidad. Ahora vería la vida y a las personas de forma distinta, ya no había marcha atrás.

Leonel recogió sus cosas, ya que su estadía allí había finalizado. Se despidió de Clemencio y Shanon, diciéndoles que estaba sumamente agradecido por su amabilidad con él y que había aprendido mucho. La pareja le dijo que podía regresar cuando quisiese, que era bienvenido en cualquier momento. Les dio un abrazo y se marchó en su auto, agitando la mano en señal de despedida.

En el camino hacia su casa hizo un repaso mental de todo lo vivido en esos días. Se sentía totalmente diferente, otra persona. Podía ver las cosas con suma claridad.

Cuando Leonel regresó al trabajo, inmediatamente fue abordado por Rosaura. Ella estaba ansiosa por saber cómo le había ido. Había tratado de comunicarse al celular, pero le salía siempre como si estuviese apagado o sin señal. Rosaura le preguntó por qué había estado incomunicado, a lo que Leonel le contestó:

—Rosaura, te estoy sumamente agradecido por haberme aconsejado esas vacaciones. Me ha cambiado la vida. - dijo sonriente.

—Me alegro mucho. Te vez diferente, ¿acaso es el peinado? – dijo Rosaura mirándolo fijamente.

—Puede ser – dijo Leonel riendo.

Leonel sabía que no era el peinado, pero era difícil explicar a Rosaura todo lo vivido allí. Así que mejor la invitó a comer a la cafetería a la hora de almuerzo para contarle algunas cosas del viaje. Rosaura quedó sorprendida, pero accedió y pudieron compartir a la hora de almuerzo. Leonel ya no se molestaba con los clientes que llamaban. Podía percibir cuando tenían situaciones que los atormentaban y los hacía actuar de esa forma. Leonel estaba sanando personas como pidió en su sueño.

Cuando salía del trabajo trabajaba en sus pinturas. Llegó a hacer pinturas extraordinarias de paisajes vistos en sueños y no volvió a tener pesadillas. Al cabo del tiempo Leonel renunció a su trabajo en el centro de llamadas y se dedicó de lleno a sus pinturas, haciendo exposiciones y convirtiéndose en un prestigioso artista. Donde quiera que fuese iluminaba el ambiente con su luz y su paz, sanando a personas rotas de espíritu.

***

Leonel tuvo la gran dicha de experimentar por medio de sus sueños las diferentes experiencias que él pensaba le llevarían a la plenitud y felicidad. En su estadía en el campo tuvo experiencias que no había vivido antes como trabajar la tierra y compartir con unos extraños que lo habían hecho sentir en familia. Luego de estas experiencias pudo ver la vida de forma distinta, encontrando su propósito de vida.

Made in the USA
Columbia, SC
14 October 2024